Bowling Scor

MW01293769

A Bowling Score Keeper for Serious Bowlers

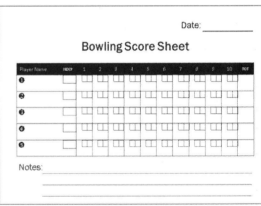

Published By
Penelope Pewter

© 2017 RW Squared Media

© 2017 RW Squared Media
All Rights Reserved

ISBN-13: 978-1544927886
ISBN-10: 1544927886

RWSquaredMedia.Wordpress.com

Season 1

Bowler Name: _____

Team: _____

League: _____

☐ Winter

☐ Spring

☐ Summer

☐ Fall

Year: _____

Start of Season

Average: _____

Handicap: _____

End of Season

Average: _____

Handicap: _____

Date: _____

Bowling Score Sheet

Player Name	HDCP	1	2	3	4	5	6	7	8	9	10	TOT
❶												
❷												
❸												
❹												
❺												

Notes: _____

_____

_____

Date: _____

Bowling Score Sheet

Player Name	HDCP	1	2	3	4	5	6	7	8	9	10	TOT
❶												
❷												
❸												
❹												
❺												

Notes: _____

_____

_____

Date: _____

Bowling Score Sheet

Player Name	HDCP	1	2	3	4	5	6	7	8	9	10	TOT
❶												
❷												
❸												
❹												
❺												

Notes: _____

_____

_____

Date: _____

Bowling Score Sheet

Player Name	HDCP	1	2	3	4	5	6	7	8	9	10	TOT
❶												
❷												
❸												
❹												
❺												

Notes:

_____

_____

_____

Date: _____

Bowling Score Sheet

Player Name	HDCP	1	2	3	4	5	6	7	8	9	10	TOT
❶												
❷												
❸												
❹												
❺												

Notes: _____

_____

_____

Date: _____

Bowling Score Sheet

Player Name	HDCP	1	2	3	4	5	6	7	8	9	10	TOT
❶												
❷												
❸												
❹												
❺												

Notes: _____

_____

_____

Date: _____

Bowling Score Sheet

Player Name	HDCP	1	2	3	4	5	6	7	8	9	10	TOT
❶												
❷												
❸												
❹												
❺												

Notes: _____

_____

_____

Date: _____

Bowling Score Sheet

Player Name	HDCP	1	2	3	4	5	6	7	8	9	10	TOT
❶												
❷												
❸												
❹												
❺												

Notes:
_____

_____

_____

Bowling Score Sheet

Player Name	HDCP	1	2	3	4	5	6	7	8	9	10	TOT
❶												
❷												
❸												
❹												
❺												

Notes: _____

_____

_____

Date: _____

Bowling Score Sheet

Player Name	HDCP	1	2	3	4	5	6	7	8	9	10	TOT
❶												
❷												
❸												
❹												
❺												

Notes: _____

_____

_____

Date: _____

Bowling Score Sheet

Player Name	HDCP	1	2	3	4	5	6	7	8	9	10	TOT
❶												
❷												
❸												
❹												
❺												

Notes: _____

_____

_____

Date: _____

Bowling Score Sheet

Player Name	HDCP	1	2	3	4	5	6	7	8	9	10	TOT
❶												
❷												
❸												
❹												
❺												

Notes: _____

_____

_____

Date: _____

Bowling Score Sheet

Player Name	HDCP	1	2	3	4	5	6	7	8	9	10	TOT
❶												
❷												
❸												
❹												
❺												

Notes: _____

_____

_____

Date: _____

Bowling Score Sheet

Player Name	HDCP	1	2	3	4	5	6	7	8	9	10	TOT
❶												
❷												
❸												
❹												
❺												

Notes: _____

_____

_____

Date: _____

Bowling Score Sheet

Player Name	HDCP	1	2	3	4	5	6	7	8	9	10	TOT
❶												
❷												
❸												
❹												
❺												

Notes: _____

_____

_____

Date: _____

Bowling Score Sheet

Player Name	HDCP	1	2	3	4	5	6	7	8	9	10	TOT
❶												
❷												
❸												
❹												
❺												

Notes: _____

_____

_____

Date: _____

Bowling Score Sheet

Player Name	HDCP	1	2	3	4	5	6	7	8	9	10	TOT
❶												
❷												
❸												
❹												
❺												

Notes: _____

_____

_____

Date: _____

Bowling Score Sheet

Player Name	HDCP	1	2	3	4	5	6	7	8	9	10	TOT
❶												
❷												
❸												
❹												
❺												

Notes: _____

_____

_____

Date: _____

Bowling Score Sheet

Player Name	HDCP	1	2	3	4	5	6	7	8	9	10	TOT
❶												
❷												
❸												
❹												
❺												

Notes: _____

_____

_____

Date: _____

Bowling Score Sheet

Player Name	HDCP	1		2		3		4		5		6		7		8		9		10		TOT
❶																						
❷																						
❸																						
❹																						
❺																						

Notes: _____

_____

_____

Date: _____

Bowling Score Sheet

Player Name	HDCP	1	2	3	4	5	6	7	8	9	10	TOT
❶												
❷												
❸												
❹												
❺												

Notes: _____

_____

_____

Date: _____

Bowling Score Sheet

Player Name	HDCP	1	2	3	4	5	6	7	8	9	10	TOT
❶												
❷												
❸												
❹												
❺												

Notes: _____

_____

_____

Date: _____

Bowling Score Sheet

Player Name	HDCP	1	2	3	4	5	6	7	8	9	10	TOT
❶												
❷												
❸												
❹												
❺												

Notes: _____

_____

_____

Date: _____

Bowling Score Sheet

Player Name	HDCP	1	2	3	4	5	6	7	8	9	10	TOT
❶												
❷												
❸												
❹												
❺												

Notes: _____

_____

_____

Date: _____

Bowling Score Sheet

Player Name	HDCP	1	2	3	4	5	6	7	8	9	10	TOT
❶												
❷												
❸												
❹												
❺												

Notes: _____

_____

_____

Date: _____

Bowling Score Sheet

Player Name	HDCP	1	2	3	4	5	6	7	8	9	10	TOT
❶												
❷												
❸												
❹												
❺												

Notes: _____

_____

_____

Date: _____

Bowling Score Sheet

Player Name	HDCP	1	2	3	4	5	6	7	8	9	10	TOT
❶												
❷												
❸												
❹												
❺												

Notes: _____

_____

_____

Date: _____

Bowling Score Sheet

Player Name	HDCP	1	2	3	4	5	6	7	8	9	10	TOT
❶												
❷												
❸												
❹												
❺												

Notes: _____

_____

_____

Date: _____

Bowling Score Sheet

Player Name	HDCP	1	2	3	4	5	6	7	8	9	10	TOT
❶												
❷												
❸												
❹												
❺												

Notes: _____

_____

_____

Date: _____

Bowling Score Sheet

Player Name	HDCP	1	2	3	4	5	6	7	8	9	10	TOT
❶												
❷												
❸												
❹												
❺												

Notes: _____

_____

_____

Date: _____

Bowling Score Sheet

Player Name	HDCP	1	2	3	4	5	6	7	8	9	10	TOT
❶												
❷												
❸												
❹												
❺												

Notes: _____

_____

_____

Date: _____

Bowling Score Sheet

Player Name	HDCP	1	2	3	4	5	6	7	8	9	10	TOT
❶												
❷												
❸												
❹												
❺												

Notes: _____

_____

_____

Date: _____

Bowling Score Sheet

Player Name	HDCP	1	2	3	4	5	6	7	8	9	10	TOT
❶												
❷												
❸												
❹												
❺												

Notes: _____

_____

_____

Date: _____

Bowling Score Sheet

Player Name	HDCP	1	2	3	4	5	6	7	8	9	10	TOT
❶												
❷												
❸												
❹												
❺												

Notes:

_____

_____

_____

Date: _____

Bowling Score Sheet

Player Name	HDCP	1	2	3	4	5	6	7	8	9	10	TOT
❶												
❷												
❸												
❹												
❺												

Notes: _____

_____

_____

Date: _____

Bowling Score Sheet

Player Name	HDCP	1	2	3	4	5	6	7	8	9	10	TOT
❶												
❷												
❸												
❹												
❺												

Notes: _____

_____

_____

Date: _____

Bowling Score Sheet

Player Name	HDCP	1	2	3	4	5	6	7	8	9	10	TOT
❶												
❷												
❸												
❹												
❺												

Notes: _____

_____

_____

Date: _____

Bowling Score Sheet

Player Name	HDCP	1	2	3	4	5	6	7	8	9	10	TOT
❶												
❷												
❸												
❹												
❺												

Notes: _____

_____

_____

Date: _____

Bowling Score Sheet

Player Name	HDCP	1	2	3	4	5	6	7	8	9	10	TOT
❶												
❷												
❸												
❹												
❺												

Notes: _____

_____

_____

Date: _____

Bowling Score Sheet

Player Name	HDCP	1		2		3		4		5		6		7		8		9		10		TOT
❶																						
❷																						
❸																						
❹																						
❺																						

Notes:

_____

_____

_____

Date: _____

Bowling Score Sheet

Player Name	HDCP	1	2	3	4	5	6	7	8	9	10	TOT
❶												
❷												
❸												
❹												
❺												

Notes: _____

_____

_____

Season 2

Bowler Name: _____

Team: _____

League: _____

☐ Winter

☐ Spring

☐ Summer

☐ Fall

Year: _____

Start of Season
Average: _____
Handicap: _____

End of Season
Average: _____
Handicap: _____

Date: _____

Bowling Score Sheet

Player Name	HDCP	1	2	3	4	5	6	7	8	9	10	TOT
❶												
❷												
❸												
❹												
❺												

Notes: _____

_____

_____

Date: _____

Bowling Score Sheet

Player Name	HDCP	1	2	3	4	5	6	7	8	9	10	TOT
❶												
❷												
❸												
❹												
❺												

Notes: _____

_____

_____

Date: _____

Bowling Score Sheet

Player Name	HDCP	1	2	3	4	5	6	7	8	9	10	TOT
❶												
❷												
❸												
❹												
❺												

Notes: _____

_____

_____

Date: _____

Bowling Score Sheet

Player Name	HDCP	1	2	3	4	5	6	7	8	9	10	TOT
❶												
❷												
❸												
❹												
❺												

Notes: _____

_____

_____

Date: _____

Bowling Score Sheet

Player Name	HDCP	1	2	3	4	5	6	7	8	9	10	TOT
❶												
❷												
❸												
❹												
❺												

Notes:

_____

_____

_____

Date: _____

Bowling Score Sheet

Player Name	HDCP	1	2	3	4	5	6	7	8	9	10	TOT
❶												
❷												
❸												
❹												
❺												

Notes: _____

_____

_____

Date: _____

Bowling Score Sheet

Player Name	HDCP	1	2	3	4	5	6	7	8	9	10	TOT
❶												
❷												
❸												
❹												
❺												

Notes: _____

_____

_____

Date: _____

Bowling Score Sheet

Player Name	HDCP	1	2	3	4	5	6	7	8	9	10	TOT
❶												
❷												
❸												
❹												
❺												

Notes: _____

_____

_____

Date: _____

Bowling Score Sheet

Player Name	HDCP	1	2	3	4	5	6	7	8	9	10	TOT
❶												
❷												
❸												
❹												
❺												

Notes: _____

_____

_____

Date: _____

Bowling Score Sheet

Player Name	HDCP	1	2	3	4	5	6	7	8	9	10	TOT
❶												
❷												
❸												
❹												
❺												

Notes: _____

_____

_____

Date: _____

Bowling Score Sheet

Player Name	HDCP	1	2	3	4	5	6	7	8	9	10	TOT
❶												
❷												
❸												
❹												
❺												

Notes: _____

_____

_____

Date: _____

Bowling Score Sheet

Player Name	HDCP	1	2	3	4	5	6	7	8	9	10	TOT
❶												
❷												
❸												
❹												
❺												

Notes: _____

_____

_____

Date: _____

Bowling Score Sheet

Player Name	HDCP	1	2	3	4	5	6	7	8	9	10	TOT
❶												
❷												
❸												
❹												
❺												

Notes: _____

_____

_____

Date: _____

Bowling Score Sheet

Player Name	HDCP	1	2	3	4	5	6	7	8	9	10	TOT
❶												
❷												
❸												
❹												
❺												

Notes: _____

_____

_____

Date: _____

Bowling Score Sheet

Player Name	HDCP	1	2	3	4	5	6	7	8	9	10	TOT
❶												
❷												
❸												
❹												
❺												

Notes: _____

_____

_____

Date: _____

Bowling Score Sheet

Player Name	HDCP	1	2	3	4	5	6	7	8	9	10	TOT
❶												
❷												
❸												
❹												
❺												

Notes: _____

_____

_____

Bowling Score Sheet

Player Name	HDCP	1	2	3	4	5	6	7	8	9	10	TOT
❶												
❷												
❸												
❹												
❺												

Notes: _____

_____

_____

Date: _____

Bowling Score Sheet

Player Name	HDCP	1	2	3	4	5	6	7	8	9	10	TOT
❶												
❷												
❸												
❹												
❺												

Notes: _____

_____

_____

Date: _____

Bowling Score Sheet

Player Name	HDCP	1	2	3	4	5	6	7	8	9	10	TOT
❶												
❷												
❸												
❹												
❺												

Notes: _____

_____

_____

Date: _____

Bowling Score Sheet

Player Name	HDCP	1	2	3	4	5	6	7	8	9	10	TOT
❶												
❷												
❸												
❹												
❺												

Notes: _____

_____

_____

Date: _____

Bowling Score Sheet

Player Name	HDCP	1	2	3	4	5	6	7	8	9	10	TOT
❶												
❷												
❸												
❹												
❺												

Notes: _____

_____

_____

Date: _____

Bowling Score Sheet

Player Name	HDCP	1	2	3	4	5	6	7	8	9	10	TOT
❶												
❷												
❸												
❹												
❺												

Notes: _____

_____

_____

Bowling Score Sheet

Player Name	HDCP	1	2	3	4	5	6	7	8	9	10	TOT
❶												
❷												
❸												
❹												
❺												

Notes: _____

_____

_____

Date: _____

Bowling Score Sheet

Player Name	HDCP	1	2	3	4	5	6	7	8	9	10	TOT
❶												
❷												
❸												
❹												
❺												

Notes: _____

_____

_____

Date: _____

Bowling Score Sheet

Player Name	HDCP	1	2	3	4	5	6	7	8	9	10	TOT
❶												
❷												
❸												
❹												
❺												

Notes: _____

_____

_____

Date: _____

Bowling Score Sheet

Player Name	HDCP	1	2	3	4	5	6	7	8	9	10	TOT
❶												
❷												
❸												
❹												
❺												

Notes: _____

_____

_____

Date: _____

Bowling Score Sheet

Player Name	HDCP	1	2	3	4	5	6	7	8	9	10	TOT
❶												
❷												
❸												
❹												
❺												

Notes: _____

_____

_____

Date: _____

Bowling Score Sheet

Player Name	HDCP	1	2	3	4	5	6	7	8	9	10	TOT
❶												
❷												
❸												
❹												
❺												

Notes: _____

_____

_____

Date: _____

Bowling Score Sheet

Player Name	HDCP	1	2	3	4	5	6	7	8	9	10	TOT
❶												
❷												
❸												
❹												
❺												

Notes: _____

_____

_____

Date: _____

Bowling Score Sheet

Player Name	HDCP	1	2	3	4	5	6	7	8	9	10	TOT
❶												
❷												
❸												
❹												
❺												

Notes: _____

_____

_____

Date: _____

Bowling Score Sheet

Player Name	HDCP	1	2	3	4	5	6	7	8	9	10	TOT
❶												
❷												
❸												
❹												
❺												

Notes: _____

_____

_____

Date: _____

Bowling Score Sheet

Player Name	HDCP	1	2	3	4	5	6	7	8	9	10	TOT
❶												
❷												
❸												
❹												
❺												

Notes: _____

_____

_____

Date: _____

Bowling Score Sheet

Player Name	HDCP	1	2	3	4	5	6	7	8	9	10	TOT
❶												
❷												
❸												
❹												
❺												

Notes: _____

_____

_____

Date: _____

Bowling Score Sheet

Player Name	HDCP	1	2	3	4	5	6	7	8	9	10	TOT
❶												
❷												
❸												
❹												
❺												

Notes: _____

_____

_____

Date: _____

Bowling Score Sheet

Player Name	HDCP	1	2	3	4	5	6	7	8	9	10	TOT
❶												
❷												
❸												
❹												
❺												

Notes: _____

_____

_____

Date: _____

Bowling Score Sheet

Player Name	HDCP	1	2	3	4	5	6	7	8	9	10	TOT
❶												
❷												
❸												
❹												
❺												

Notes: _____

_____

_____

Bowling Score Sheet

Player Name	HDCP	1	2	3	4	5	6	7	8	9	10	TOT
❶												
❷												
❸												
❹												
❺												

Notes: _____

_____

_____

Date: _____

Bowling Score Sheet

Player Name	HDCP	1	2	3	4	5	6	7	8	9	10	TOT
❶												
❷												
❸												
❹												
❺												

Notes: _____

_____

_____

Date: _____

Bowling Score Sheet

Player Name	HDCP	1	2	3	4	5	6	7	8	9	10	TOT
❶												
❷												
❸												
❹												
❺												

Notes: _____

_____

_____

Date: _____

Bowling Score Sheet

Player Name	HDCP	1	2	3	4	5	6	7	8	9	10	TOT
❶												
❷												
❸												
❹												
❺												

Notes: _____

_____

_____

Date: _____

Bowling Score Sheet

Player Name	HDCP	1	2	3	4	5	6	7	8	9	10	TOT
❶												
❷												
❸												
❹												
❺												

Notes: _____

_____

_____

For more amazing journals, planners, and adult colouring books from RW Squared Media, visit:

Amazon.com

CreateSpace.com

RWSquaredMedia.Wordpress.com

Cities of the World
Coloring Book for Adults

The Ultimate Adult Coloring Book
for Men

The Adult Coloring Book for
Coffee Lovers

Surf's Up Dude
Adult Coloring Book

Get Stuff Done!
To Do Notebook, Personal
Organizer and Planner

53137637R00053

Made in the USA
Middletown, DE
25 November 2017